**W9-BRU-218**

YO MANEJO UN CAMIÓN DE LA BASURA
I DRIVE A GARBAGE TRUCK

por/by **Sarah Bridges**

ilustrado por/illustrated by **Derrick Alderman & Denise Shea**

traducción/translation: **Dr. Martín Luis Guzmán Ferrer**

PICTURE WINDOW BOOKS
a capstone imprint

Thanks to the Twin Cities Waste Management team—S.B.

Thanks to our advisers for their expertise, research, and advice:

Joe Gray, Gray Sanitation
Manson, Iowa

Susan Kesselring, MA, Literacy Educator
Rosemount-Apple Valley-Eagan (Minnesota) School District

Editors: Brenda Haugen, Christianne Jones
Spanish Copy Editor: Adalín Torres-Zayas
Set Designer: Nathan Gassman
Designer: Eric Manske
Production Specialist: Jane Klenk
Storyboard development: Amy Bailey Muehlenhardt
The illustrations in this book were rendered digitally.

Picture Window Books
151 Good Counsel Drive
P.O. Box 669
Mankato, MN 56002-0669
877-845-8392
www.capstonepub.com

Printed in the United States of America in
North Mankato, Minnesota. 032010 005740CGF10

Library of Congress Cataloging-in-Publication Data
Bridges, Sarah.
    Yo manejo un camión de la basura / por Sarah Bridges =
I drive a garbage truck / by Sarah Bridges.
    p. cm. —(Picture Window bilingüe, bilingual)
(Vehículos de trabajo = Working wheels)
    Includes index.
    Summary: "Describes and illustrates the job of a garbage
collector and how a garbage truck works—in both English and
Spanish"—Provided by publisher.
    ISBN 978-1-4048-6303-3 (library binding)
    1. Refuse collection vehicles—Juvenile literature. 2. Refuse
collectors—Juvenile literature. 3. Refuse and refuse disposal—
Juvenile literature. I. Title. II. Title: I drive a garbage truck.
TD794.B7318 2011
628.4'42—dc22   2010009871

My name is Jackie, and
I drive a garbage truck.

Me llamo Jackie, y yo manejo
un camión de la basura.

While I'm driving, my partner
rides on back of the truck.

Mientras manejo, mi compañero
viaja en la parte trasera del camión.

A driver checks the truck's brakes,
tires, and fluids before driving.

El conductor revisa los frenos,
las llantas y los líquidos del
camión antes de manejarlo.

5

We wear special clothes to do our job. Gloves protect our hands. Bright vests help other drivers see us when it's dark. Boots keep our feet from getting **wet** or **cold.**

6

Nosotros usamos ropa especial para hacer nuestro trabajo. Los guantes protegen nuestras manos. Los chalecos brillantes ayudan a otros conductores a vernos cuando está oscuro. Las botas impiden que se **mojen** o **enfríen** nuestros pies.

The special gloves garbage collectors wear are made of tough leather. They protect their hands from sharp items like glass.

Los guantes especiales que usan los trabajadores de limpieza son de piel resistente. Les protegen las manos de objetos filosos como el vidrio.

I sit in the cab of the truck.
The cab has a steering wheel.
It also has many levers.

Yo me siento en la cabina del camión.
En la cabina está el volante. El camión
también tiene muchas palancas.

Some garbage trucks have a camera on the
back of the truck. The camera helps the
driver see what's behind the truck.

Algunos camiones de la basura tienen una
cámara en la parte de atrás. La cámara ayuda
al conductor a ver qué hay detrás del camión.

My partner collects the garbage. He empties it into the back of the truck.

Mi compañero recoge la basura. Él la pone en la parte trasera del camión.

My truck has mirrors that help me see what my partner is doing.

Mi camión tiene espejos que me ayudan a ver lo que hace mi compañero.

Some garbage trucks need only one person. The driver controls an automatic arm. The arm picks up and empties garbage cans into the truck.

Algunos camiones sólo necesitan una persona. El conductor controla un brazo automático. El brazo levanta y vacía los botes de basura en el camión.

My partner and I pick up a lot of garbage. Every day we have a different route. We visit about 350 houses on each route!

Mi compañero y yo recogemos muchísima basura. Todos los días tenemos una ruta diferente. ¡Vamos a cerca de 350 casas en cada ruta!

Garbage collectors can often tell how many people live in a house by how much garbage they produce.

Los trabajadores de limpieza pueden calcular cuántas personas viven en una casa por la cantidad de basura que tiran.

13

We collect lots of **different** kinds of trash.

Nosotros recogemos *diferentes* tipos de basura.

14

We don't pick up things that can be recycled. The recycling truck picks up cans, glass, paper, and plastic.

Things that are recycled are turned into new things and reused. Recycling cuts down on waste.

No recogemos cosas que puedan reciclarse. El camión de reciclaje recoge latas, vidrio, papel y plástico.

Las cosas reciclables se convierten en cosas nuevas y vuelven a usarse. El reciclaje reduce el desperdicio.

Sometimes people throw things into
the trash that shouldn't be there.

Algunas veces las personas tiran
a la basura cosas que no deberían.

I once saw an air conditioner sticking out of a garbage can!

¡Una vez vi un aparato de aire acondicionado saliéndose del bote de basura!

Things such as air conditioners, refrigerators, and computers can't be thrown out with regular garbage. Some cities have special cleanup days each year when these things can be disposed of or recycled safely.

Cosas como aparatos de aire acondicionado, refrigeradores y computadoras no pueden tirarse con la basura regular. Algunas ciudades tienen días especiales de recolección para tirarlas o reciclarlas.

17

When the truck is full, I drive to the landfill or incinerator. That's where I empty out the trash. Then the garbage is either **buried** or *burned*.

The garbage truck visits the landfill or incinerator several times each day to empty the garbage.

El camión de la basura va a los rellenos sanitarios o los incineradores varias veces al día para tirar la basura.

Cuando el camión ya está lleno, lo conduzco al relleno sanitario o al incinerador. Ahí tiro la basura. Así la basura se entierra o se quema.

When we're done, I drive
the truck back to the
garage for the night.

Cuando terminamos, regreso
el camión al garaje donde
pasa la noche.

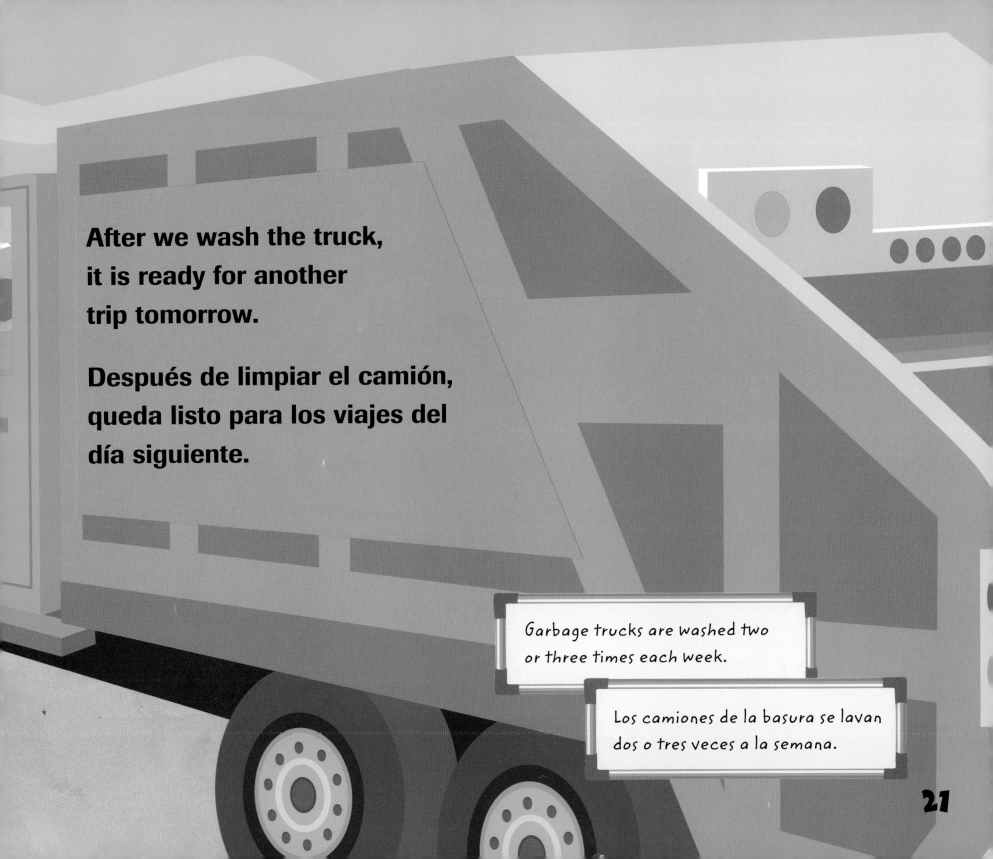

After we wash the truck,
it is ready for another
trip tomorrow.

Después de limpiar el camión,
queda listo para los viajes del
día siguiente.

Garbage trucks are washed two
or three times each week.

Los camiones de la basura se lavan
dos o tres veces a la semana.

21

GARBAGE TRUCK DIAGRAM/
DIAGRAMA DEL CAMIÓN DE LA BASURA

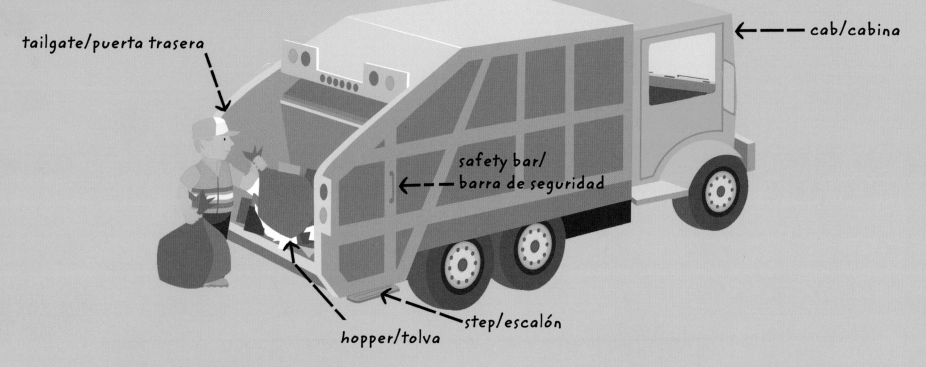

tailgate/puerta trasera

cab/cabina

safety bar/
barra de seguridad

step/escalón

hopper/tolva

FUN FACTS

 Trash collection didn't begin until the 1800s. Before that time, people dumped their garbage in the gutters outside their houses!

 The first garbage trucks were not garbage trucks at all. They were horse-drawn carts! The garbage was hauled to dumps outside of town.

DATOS DIVERTIDOS

 La recolección de la basura no empezó si no hasta la década del 1800. ¡Antes de eso, la gente tiraba la basura a las cunetas afuera de sus casas!

 Los primeros camiones de basura no eran camiones. ¡Eran carretas tiradas por caballos! La basura era acarreada a basureros en las afueras de las ciudades.

GLOSSARY

cab—the front of the garbage truck where the driver sits

fluids—liquids in the engine that make it run smoothly

gutter—an area along the edge of a road that helps water drain

incinerator—a place where garbage is burned

landfill—a place where garbage is buried

recycling—the process of using things again instead of throwing them away

GLOSARIO

la cabina—la parte delantera del camión donde se sienta el conductor

la cuneta—superficie al borde de las carreteras que ayuda a que corra el agua

el incinerador—sitio donde se quema la basura

los líquidos—fluidos en los motores que hacen que estos marchen suavemente

reciclar—proceso para usar las cosas otra vez en lugar de tirarlas

el relleno sanitario—sitio donde se entierra la basura

INTERNET SITES

FactHound offers a safe, fun way to find Internet sites related to this book. All of the sites on FactHound have been researched by our staff.

Here's all you do:

Visit www.facthound.com

Type in this code: 9781404863033

SITIOS DE INTERNET

FactHound brinda una forma segura y divertida de encontrar sitios de Internet relacionados con este libro. Todos los sitios en FactHound han sido investigados por nuestro personal.

Esto es todo lo que tienes que hacer:

Visita www.facthound.com

Ingresa este código: 9781404863033

INDEX

ÍNDICE